Name: _____

1 Wer hat welches Haustier? Fahre nach.

Name: _____

✏ **1** Welche Maus bekommt den Käse? Fahre nach.

Wege durch das Labyrinth finden
© Ernst Klett Verlag GmbH, Stuttgart 2014

Name: _____

 1 Ergänze die Tiere.

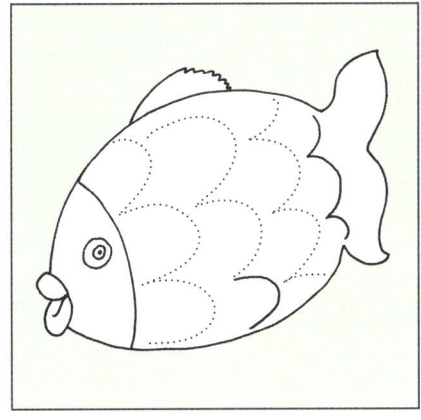 

Name: _____

 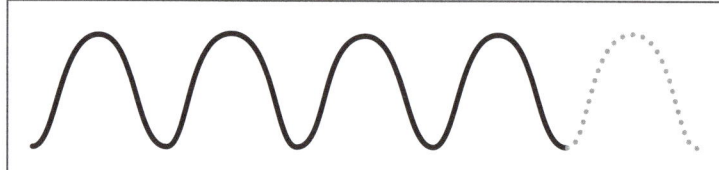

 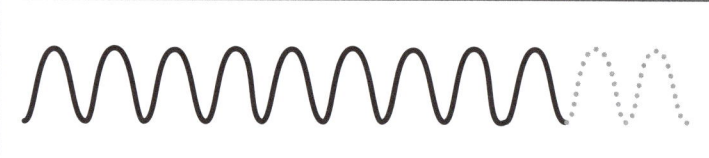

 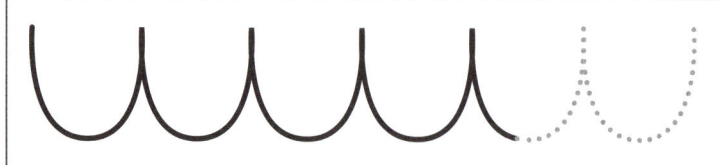

Name: _____

  Spure nach. Setze fort.

Name: _____

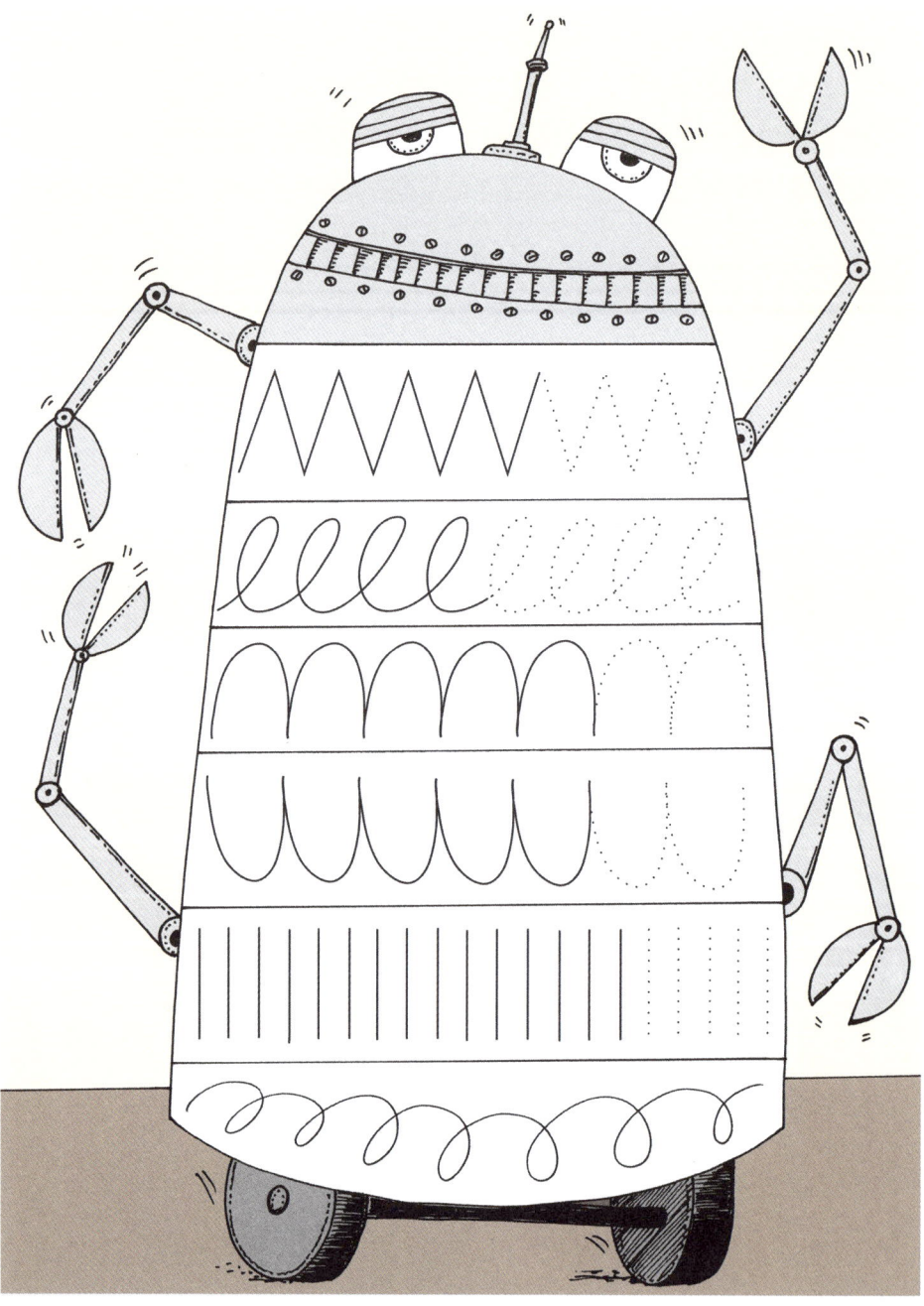

Name: _____

  Zeichne die Muster nach. Setze fort.

Name: _____

✏️ ① Kreise alle Äpfel rot ein. Kreise alle Erdbeeren blau ein.

Name: _____

  1 Was gehört zusammen? Verbinde.

 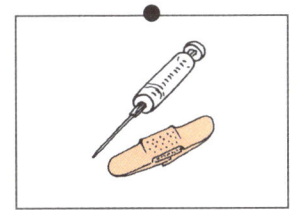 

Name: _____

Name: _____

Name: _____

Name: _____

✏️ **1** Spure nach.

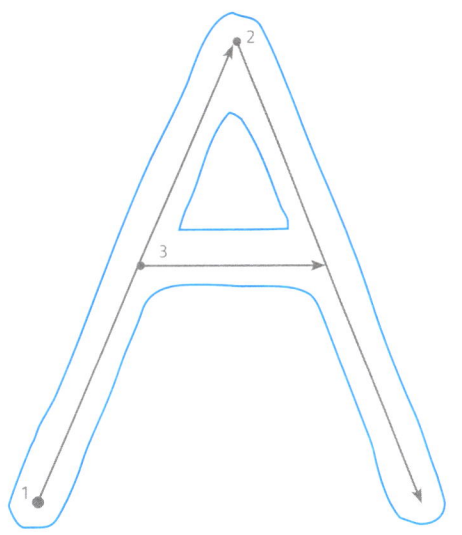

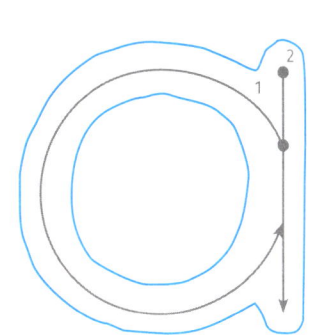

✏️ **2** Kreise A und a ein.

A a e

h A a

d a O

K A

A B

A a A

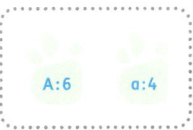

Name: _____

  2 Wo hörst du A oder a? Kreuze an.

Name: _____

✏️ **1** Spure nach.

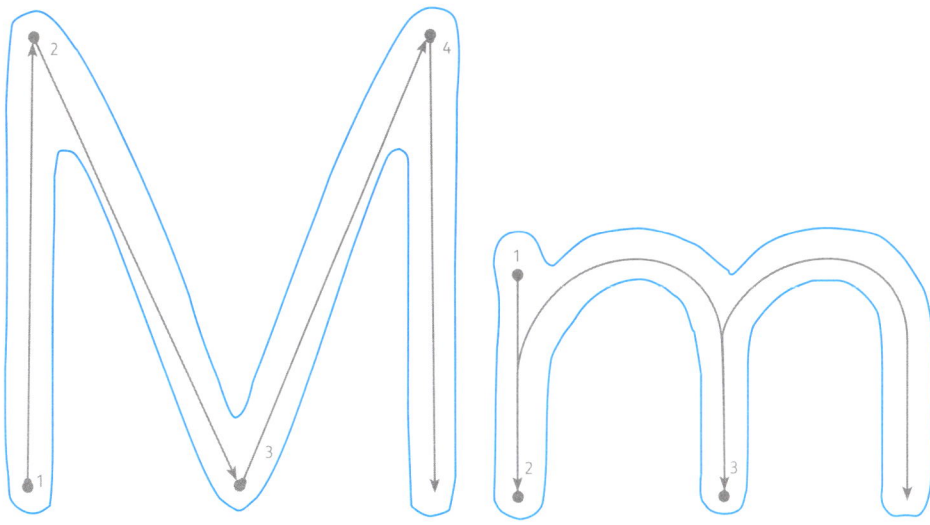

✏️ **2** Kreise M und m ein.

M m m m
m
b a
M M S
m
G M
l m D

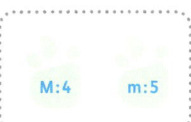
M: 4   m: 5

Name: _____

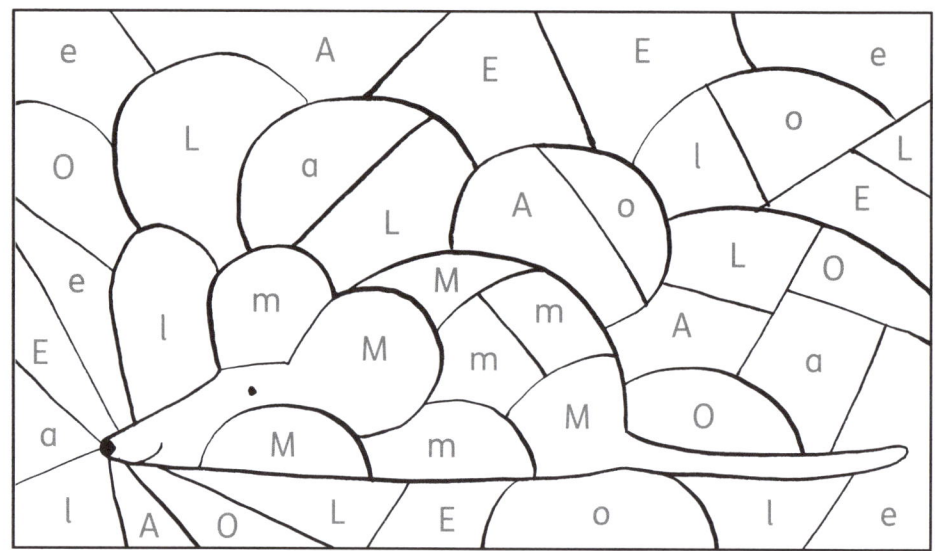

 2 Wo hörst du M oder m? Kreuze an.

Name: _____

✏ **1** Spure nach.

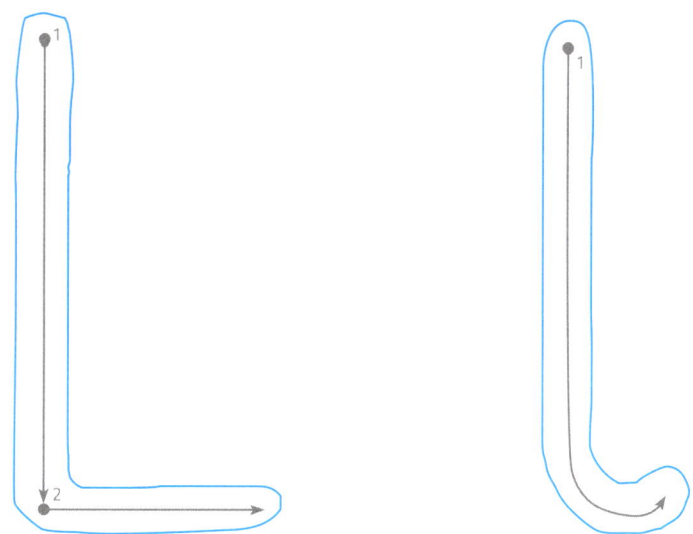

✏ **2** Kreise L und l ein.

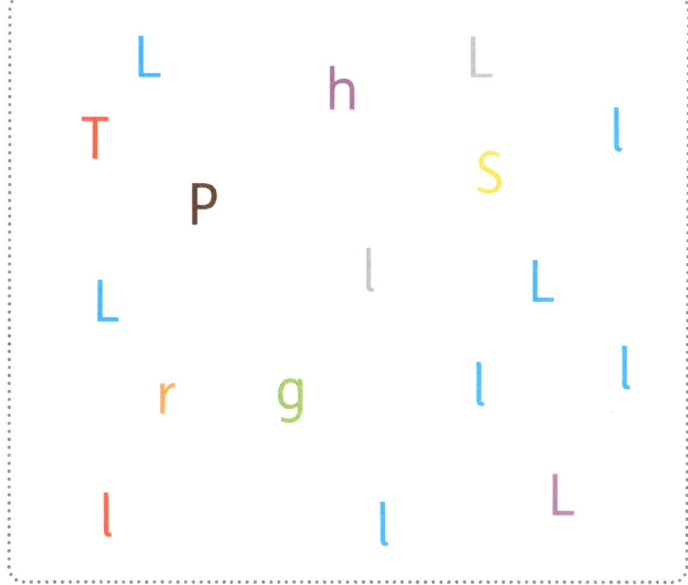

L : 5   l : 6

Name: _____

  1 Male alle Felder mit L und l aus.

   2 Wo hörst du L oder l? Kreuze an.

Name: _____

✏️ **1** Spure nach.

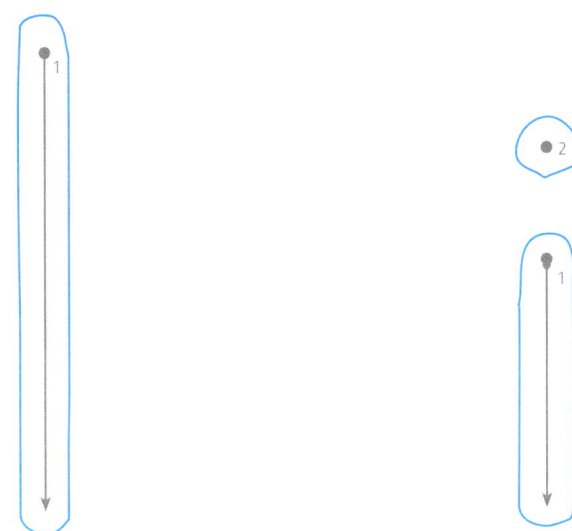

✏️ **2** Kreise l und i ein.

i   i   l   i

l   k   S

m   i   l

l   i   i   R

a

l   o   i   i

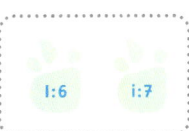

l: 6   i: 7

l i spuren und optisch diskriminieren

Name: _____

 1 Male alle Felder mit l und i aus.

 2 Wo hörst du l oder i? Kreuze an.

Name: _____

✏️ ❶ Spure nach.

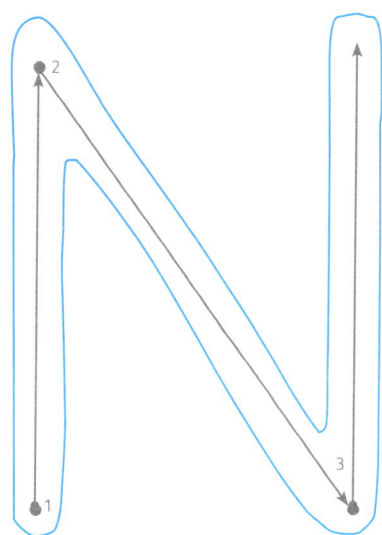

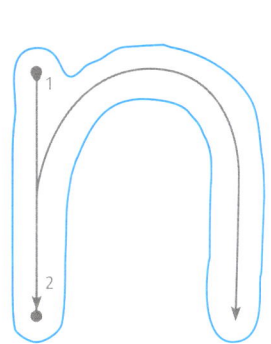

✏️ ❷ Kreise N und n ein.

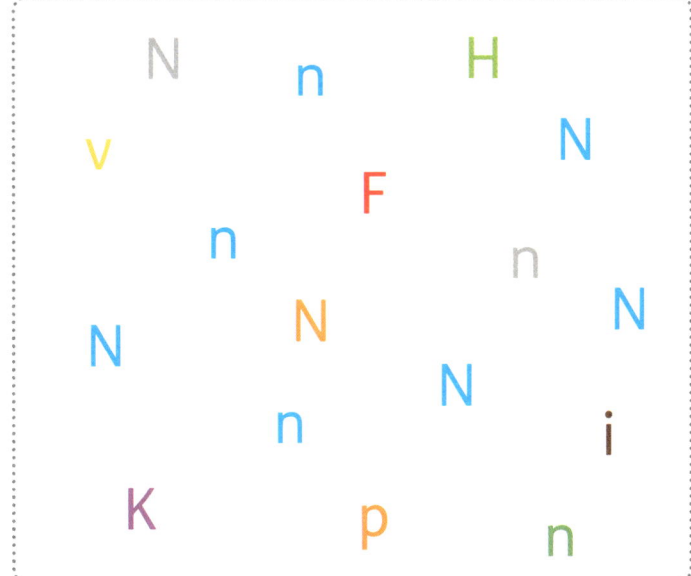

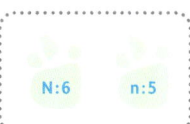

Name: _____

 1 Male alle Felder mit **N** und **n** aus.

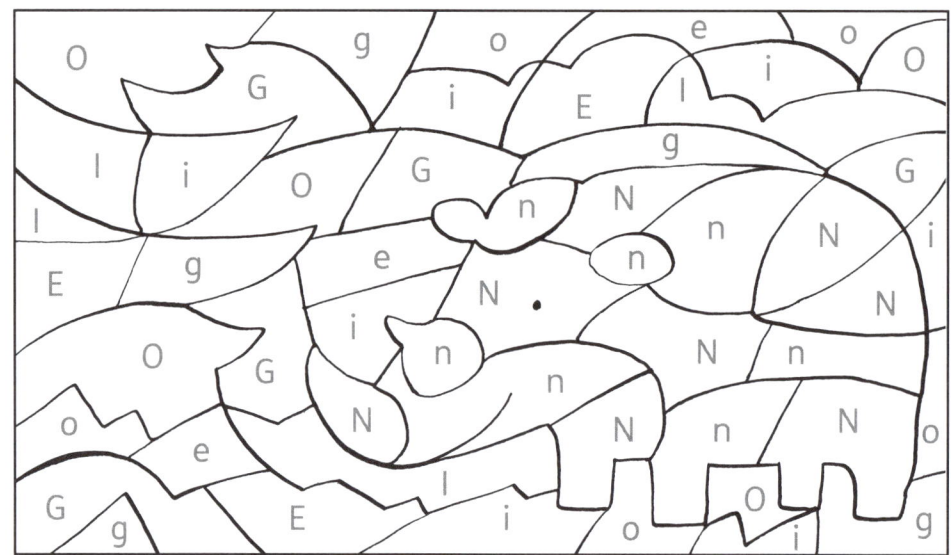

 2 Wo hörst du **N** oder **n**? Kreuze an.

Name: _____

  1 Lies und verbinde.

Am

La

Mi

  2 Lies und verbinde.

 La la

 Mi ma

 Ma ma

  3 Schreibe I oder M.

Wörter mit A a, M m, L l, I i lesen und Anlaute schreiben
© Ernst Klett Verlag GmbH, Stuttgart 2014

23

Name: _____

 1 Lies und verbinde.

Na		
In		
Ni		

 2 Lies und verbinde.

   Ni   li

   A   ma

   Ma   na

 3 Schreibe N oder L.

☐   ☐   ☐   ☐

Name: _____

✏️ **1** Spure nach.

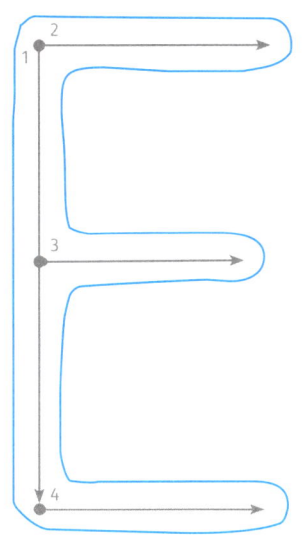

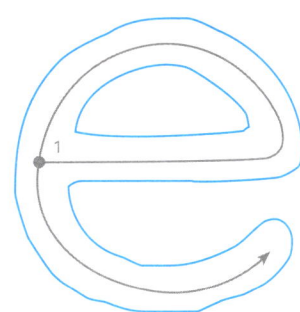

✏️ **2** Kreise E und e ein.

E   m   E

E   e

E   n   e

M   z   m   E

t   H

E

e   O   E

E : 6   e : 3

Name: _____

 1 Male alle Felder mit E und e aus.

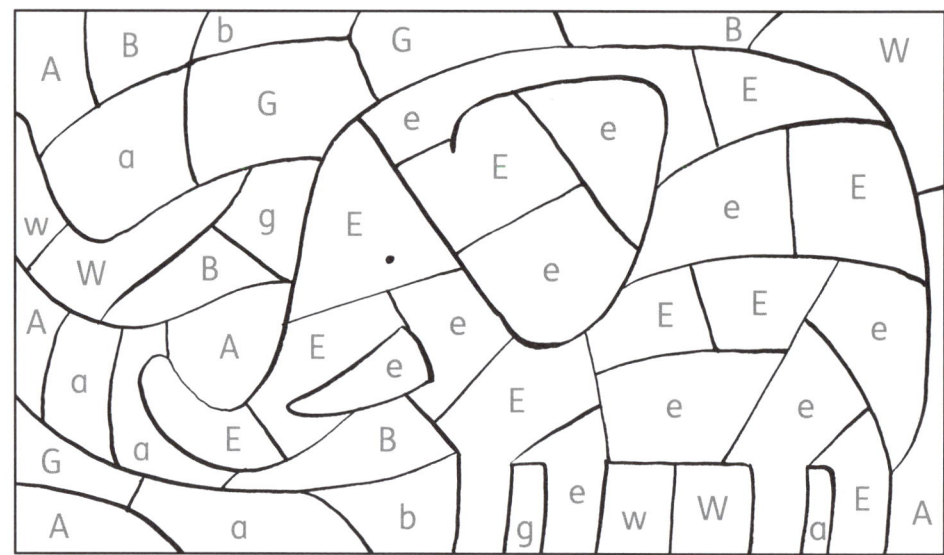

 2 Wo hörst du E oder e? Kreuze an.

Name: _____

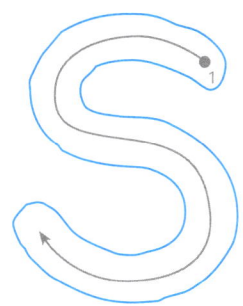

S s

✏️ **1** Spure nach.

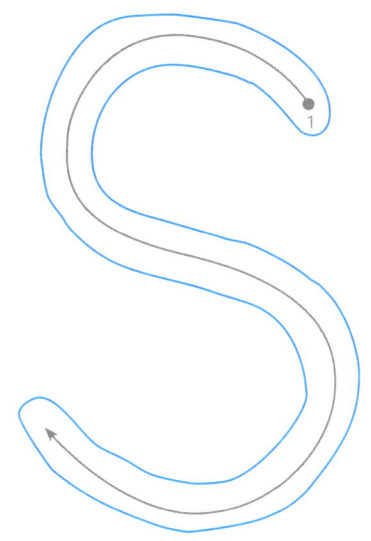

✏️ **2** Kreise S und s ein.

S T A
e   S   s
n   s
m   L
s
S
S   i   s

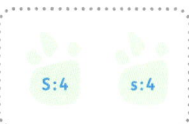

S:4   s:4

S s spuren und optisch diskriminieren
© Ernst Klett Verlag GmbH, Stuttgart 2014

27

Name: _____

1 Male alle Felder mit S und s aus.

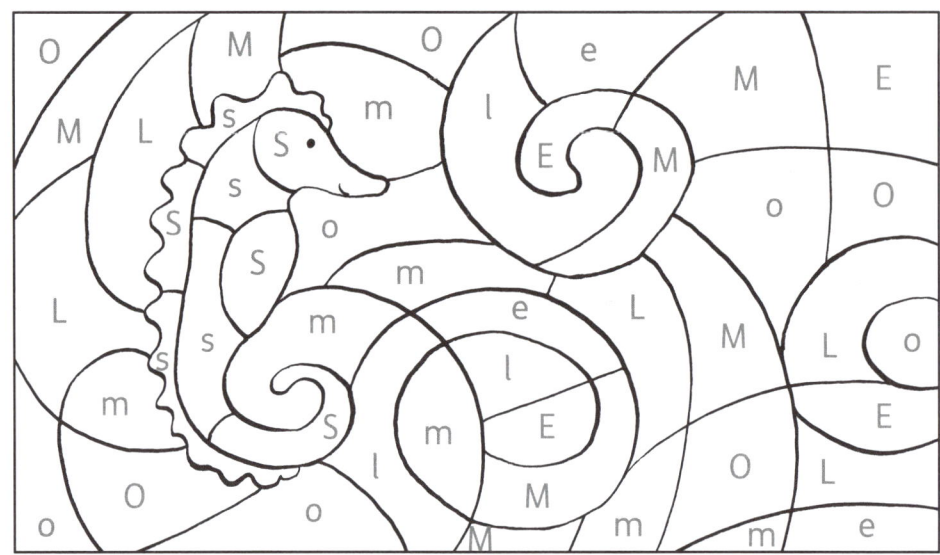

2 Wo hörst du S oder s? Kreuze an.

Name: _____

  1 Lies und verbinde.

En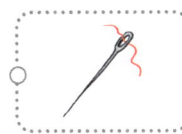

Me

Na

  2 Lies und verbinde.

   Em ○   ○ la

   li ○   ○ ne

   An ○   ○ ma

  3 Schreibe E oder A.

Name: _____

1 Lies und verbinde.

Mas

La

Sa

2 Lies und verbinde.

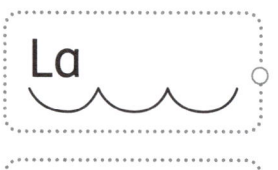   Am   sel

   Si   sel

   E   nan

3 Schreibe S oder L.

Name: _____

Mama am …

Mila am …

Ali am …

Anne im …

Sinan im …

Emma im …

Name: _____

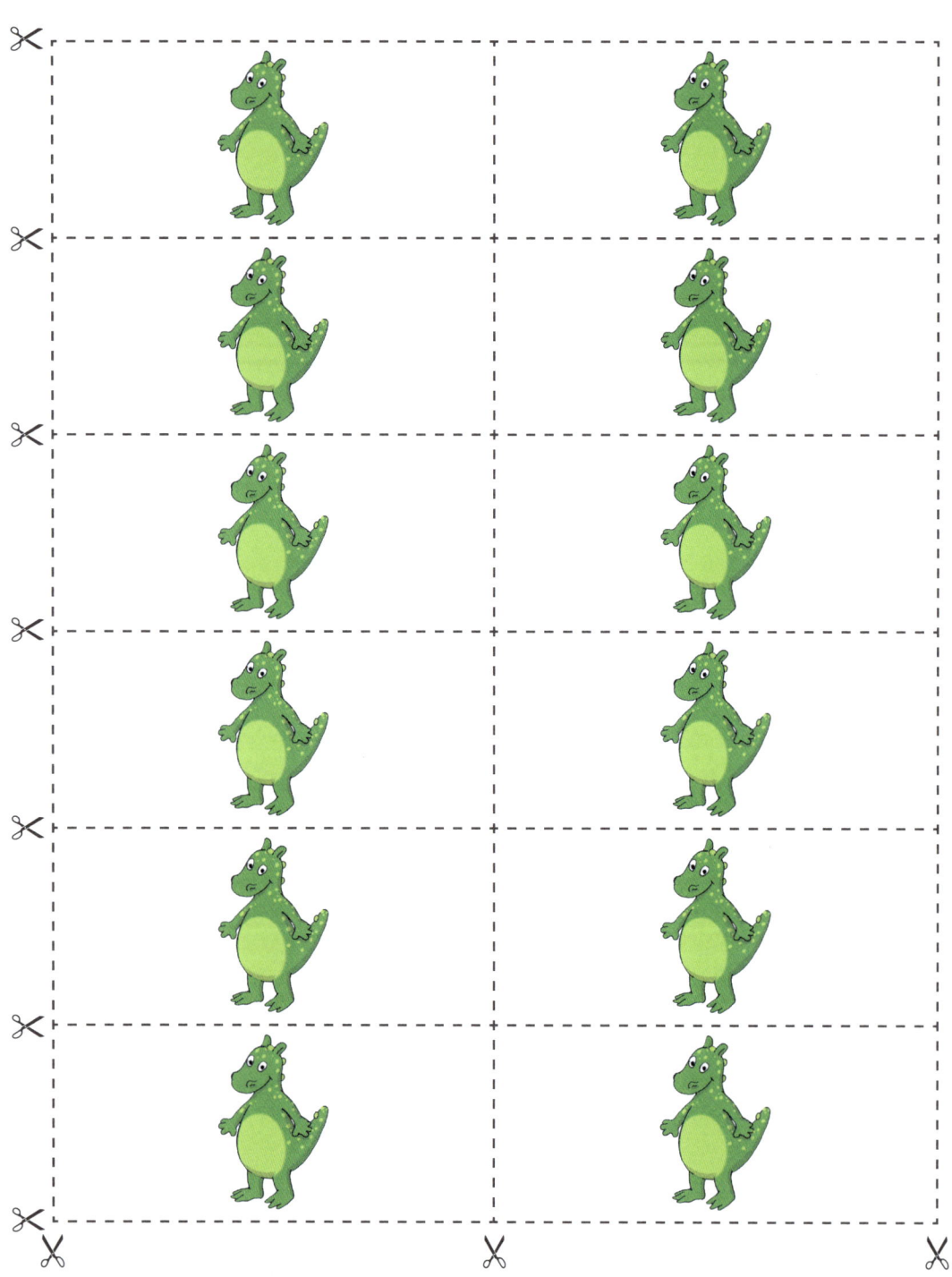

Name: _____

✏️ **1** Spure nach.

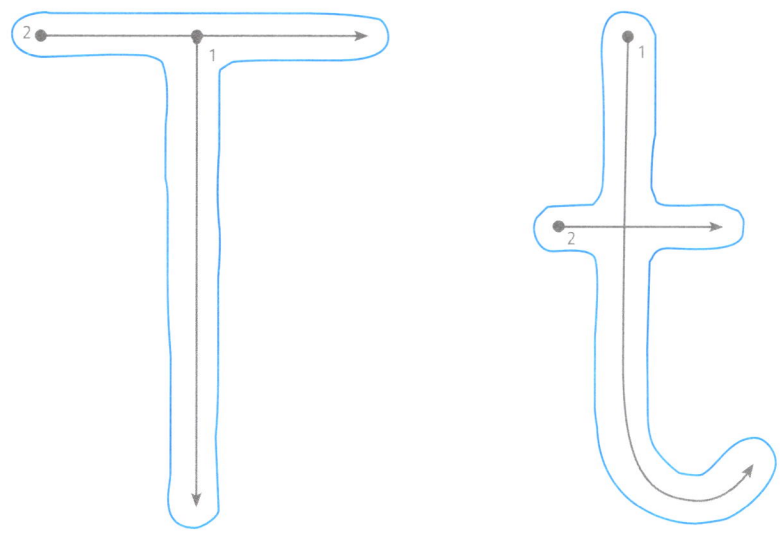

✏️ **2** Kreise T und t ein.

t   t   B

       T

T   H

A   e   T   r

t   T   t

s   t   T

T : 5   t : 5

Name: _____

1 Male alle Felder mit T und t aus.

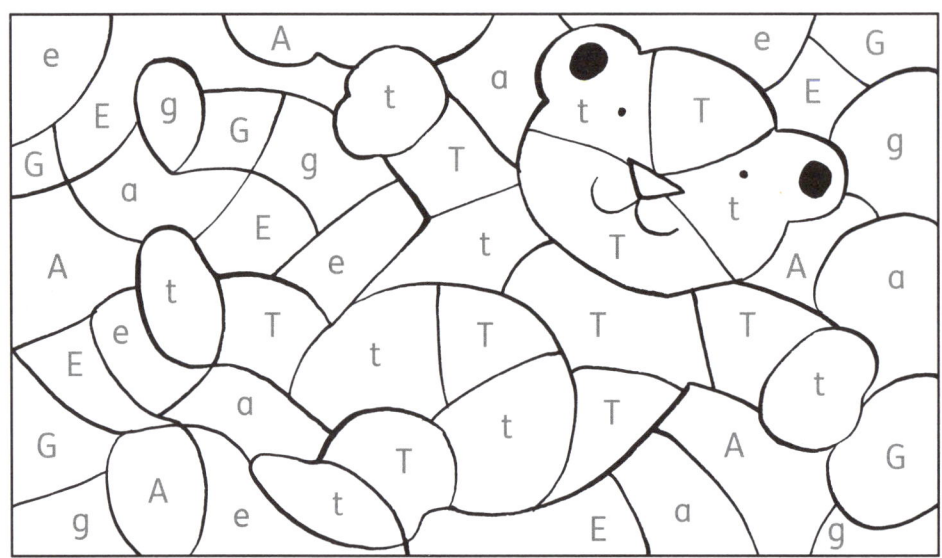

2 Wo hörst du T oder t? Kreuze an.

Name: _____

✏ **1** Spure nach.

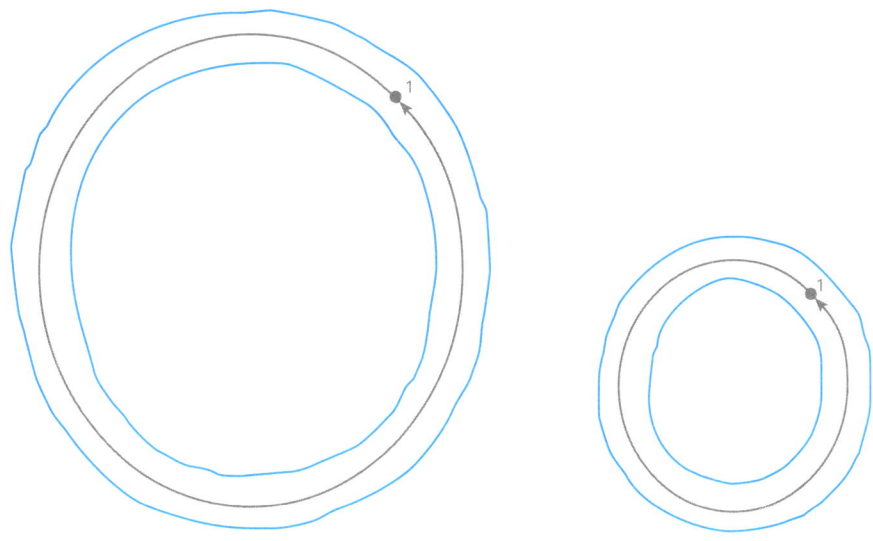

✏ **2** Kreise O und o ein.

K   i   O

              o   e

O   A

          O   O

O   o

    o   M

W   l   o

o:5   o:4

O o spuren und optisch diskriminieren
© Ernst Klett Verlag GmbH, Stuttgart 2014

Name: _____

  Male alle Felder mit O und o aus.

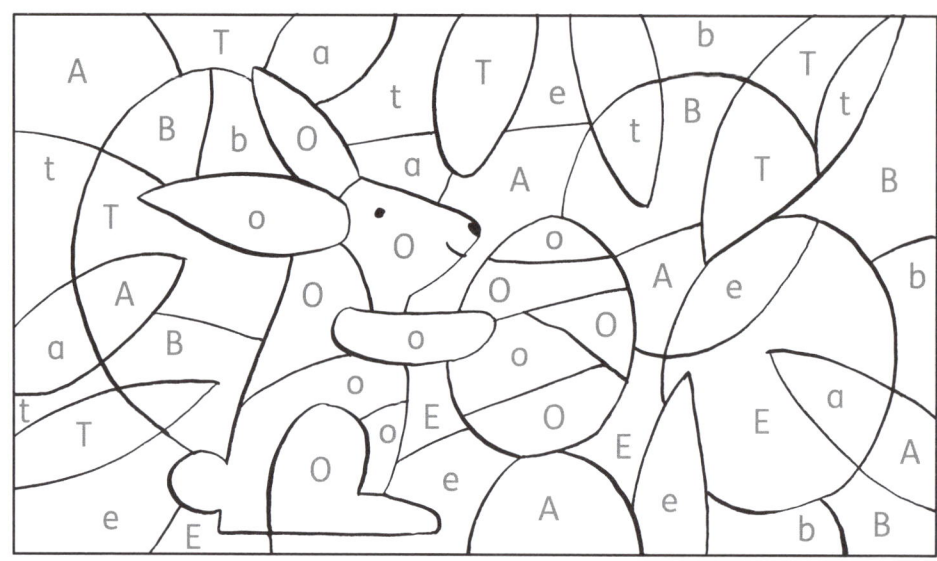

   Wo hörst du O oder o? Kreuze an.

Name: _____

  1 Lies und verbinde.

Ti	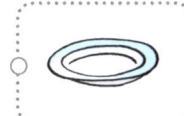
Tel	
Am	

  2 Lies und verbinde.

 Tas te

 Tan se

 Tin ne

  3 Schreibe T oder N.

Name: _____

  1 Lies und verbinde.

 Lo

 To

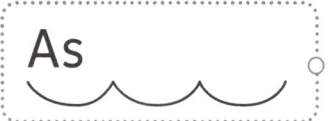 As

  **2** Lies und verbinde.

   O   li

   Lol   ma

   Li   mo

  3 Schreibe O oder A.

Name: _____

✏️ **1** Spure nach.

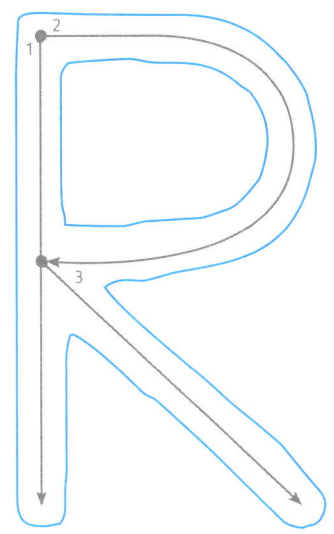

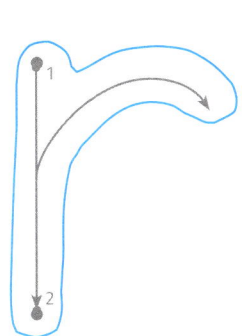

✏️ **2** Kreise R und r ein.

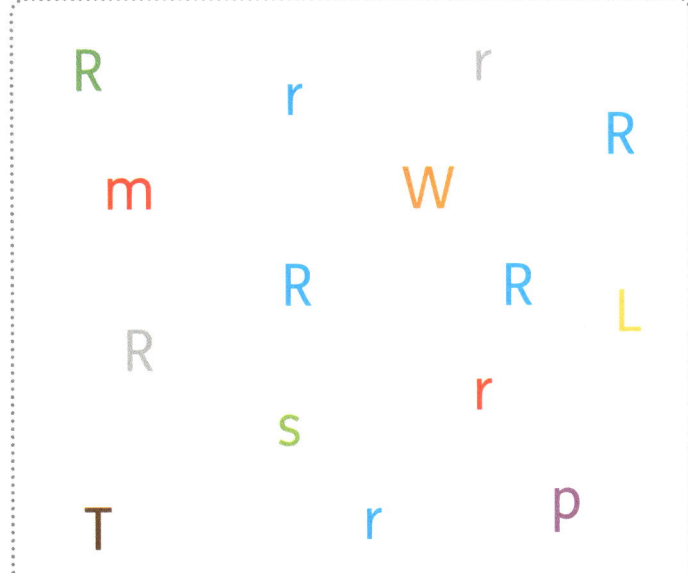

Name: _____

1 Male alle Felder mit R und r aus.

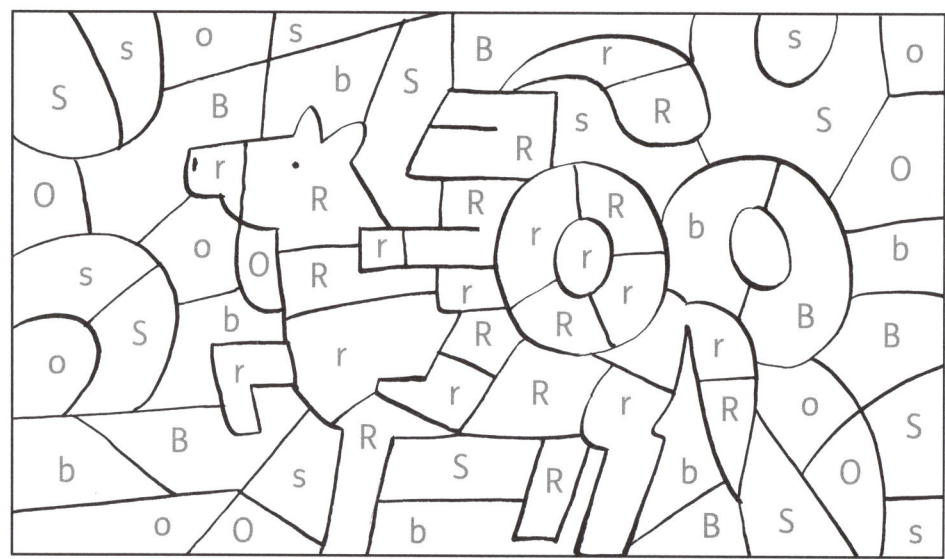

2 Wo hörst du R oder r? Kreuze an.

Name: _____

✏️ **1** Spure nach.

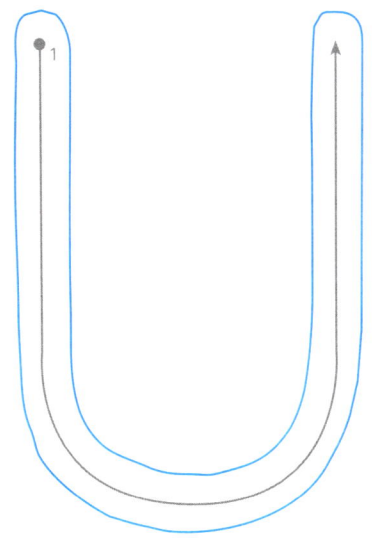

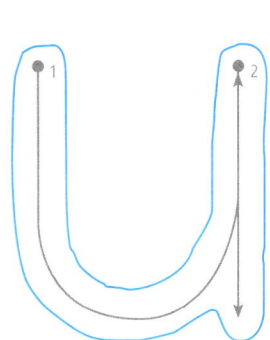

✏️ **2** Kreise U und u ein.

Name: _____

 1 Male alle Felder mit U und u aus.

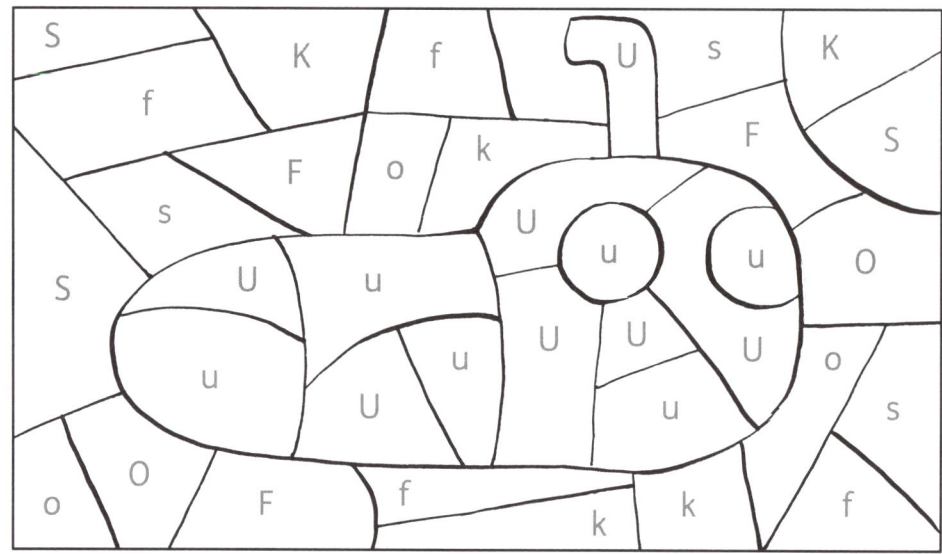

 2 Wo hörst du U oder u? Kreuze an.

Name: _____

  1 Lies und verbinde.

Ra

Ro

Ru

  2 Lies und verbinde.

   Ras   se

   Ro   ter

   Rit   sel

  3 Schreibe R oder E.

Name: _____

  1 Lies und verbinde.

Tu

Un

Lu

  2 Lies und verbinde.

   Man   mel

   Mur   te

   Tor   tel

  3 Schreibe U oder M.

Name: _____

✏️ **1** Spure nach.

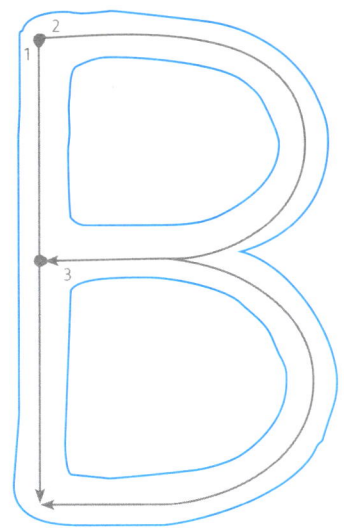
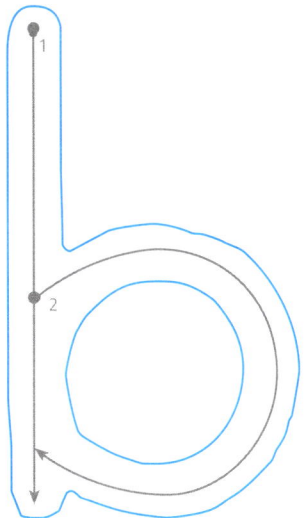

✏️ **2** Kreise B und b ein.

B   b   B

                              e

    L   N   b

        B   K

                              o

        b   b

b   s   b

B : 3   b : 6

Name: _____

  1 Male alle Felder mit B und b aus.

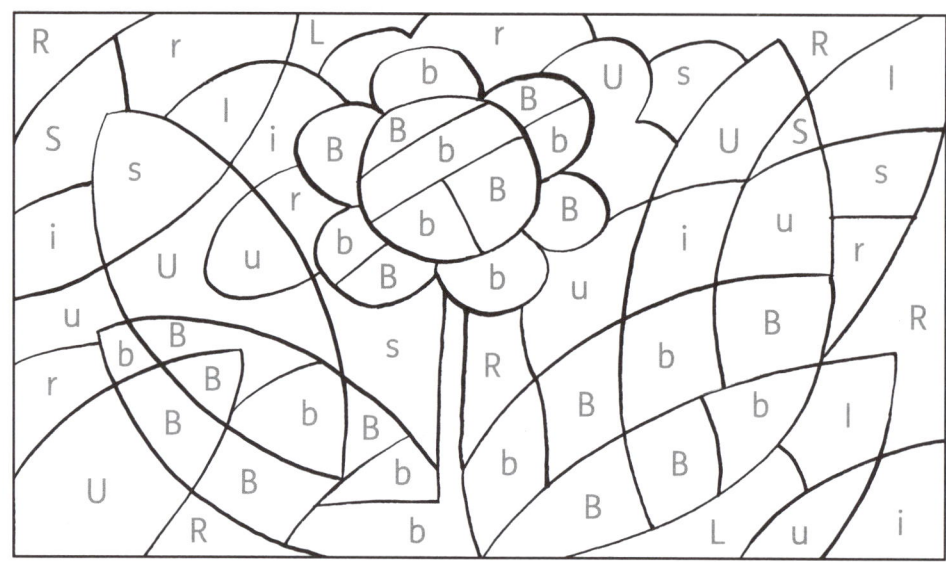

  2 Wo hörst du B oder b? Kreuze an.

Name: _____

✏️ **1** Spure nach.

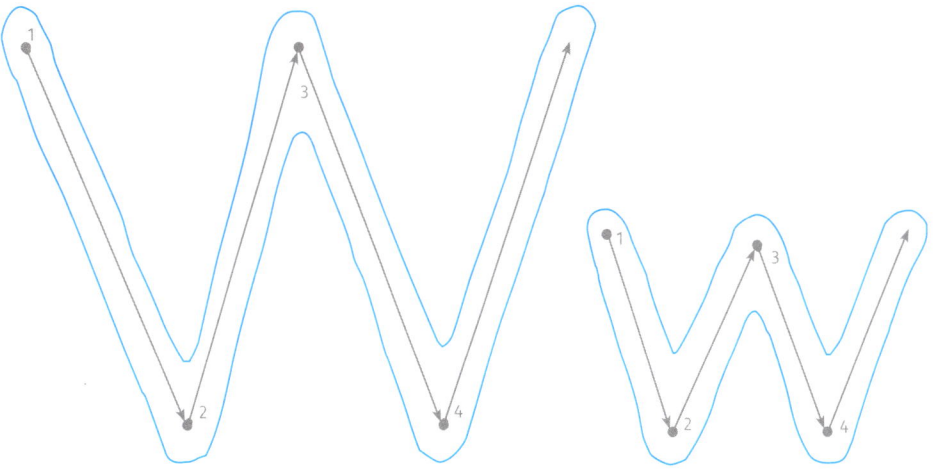

✏️ **2** Kreise W und w ein.

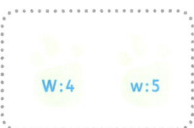

W: 4   w: 5

Name: _____

 1 Male alle Felder mit **W** und **w** aus.

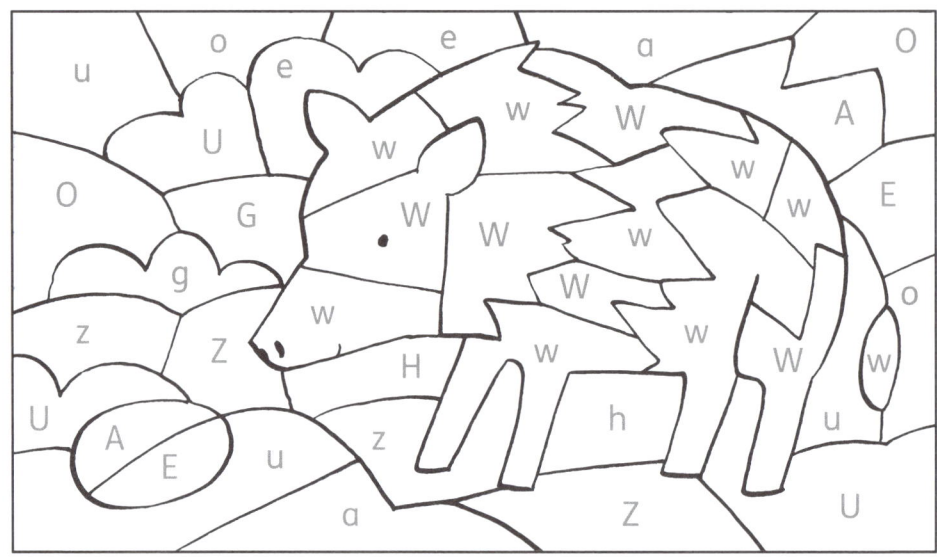

  2 Wo hörst du **W** oder **w**? Kreuze an.

Name: _____

✏️ **1** Spure nach.

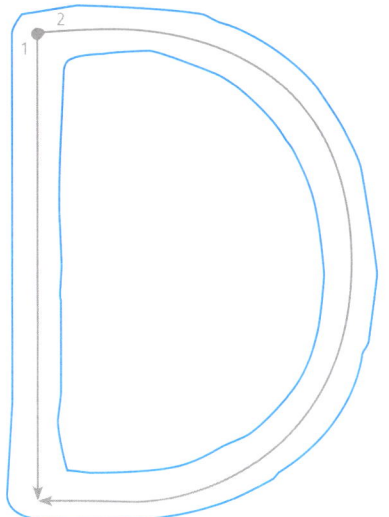

✏️ **2** Kreise D und d ein.

T   W
   L   D
D   d
         d
     D
S   h
     D   D
d   o

D : 5   d : 3

Name: _____

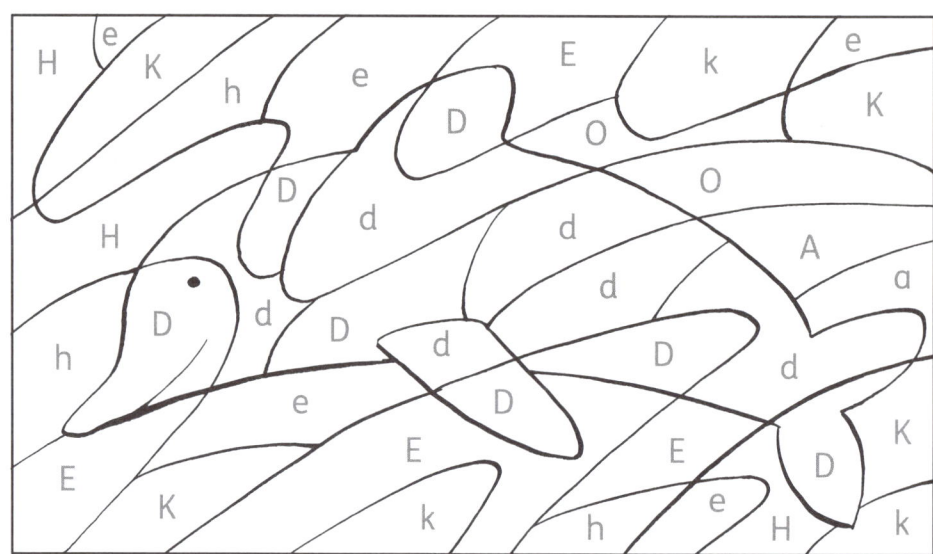

2 Wo hörst du D oder d? Kreuze an.

Name: _____

  1 Lies und verbinde.

Wol

Re

Was

  2 Lies und verbinde.

Bir

Wol

Wel

le

ne

le

  3 Schreibe W oder M.

Name: _____

  1 Lies und verbinde.

 Di

Do

Del

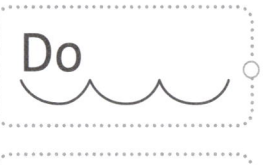   

  **2** Lies und verbinde.

 | Do | nuss

 | Ru | se

 | Erd | der

  3 Schreibe D oder W.

Wörter mit D d lesen und Anlaute schreiben
© Ernst Klett Verlag GmbH, Stuttgart 2014

Name: _____

✏️ **①** Spure nach.

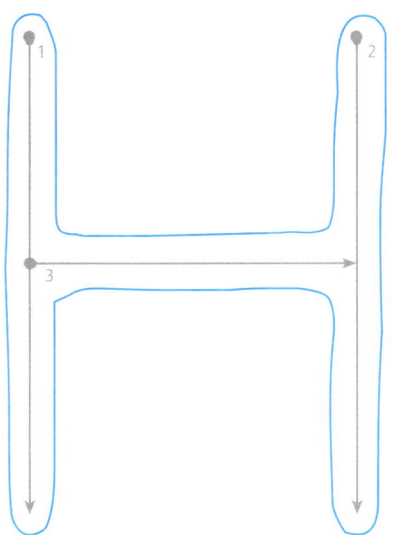
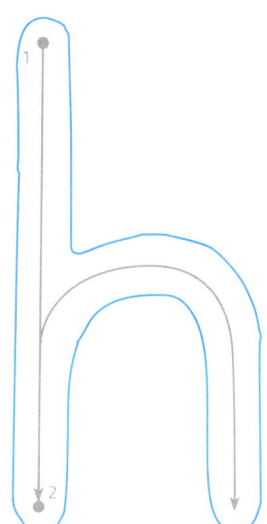

✏️ **②** Kreise H und h ein.

H   h   H

     h

o   L

h   h   a

W

H   H

B   h   i

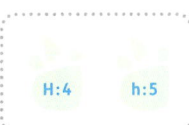

H : 4   h : 5

Name: _____

1 Male alle Felder mit H und h aus.

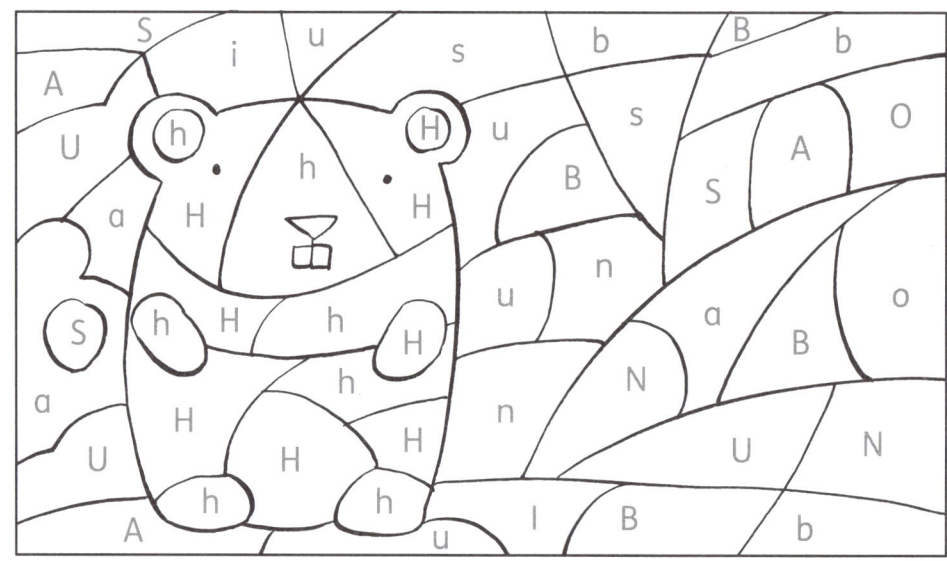

2 Wo hörst du H oder h? Kreuze an.

Name: _____

G g

✏️ **1** Spure nach.

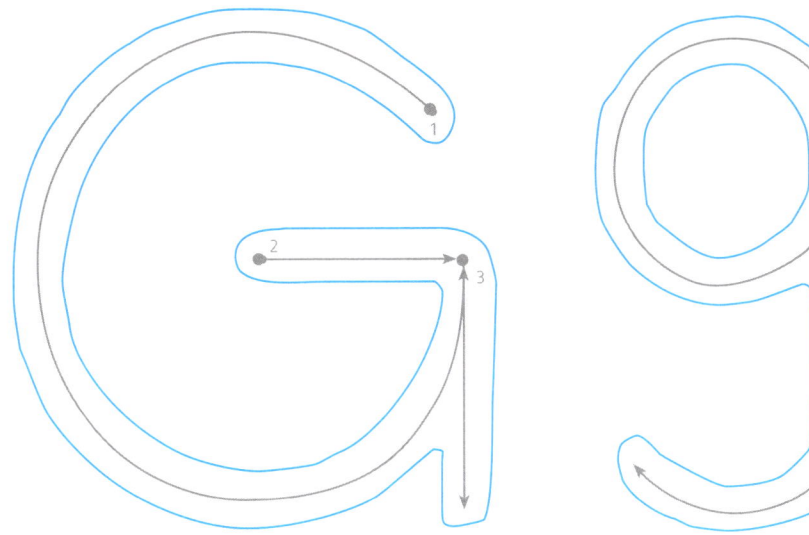

✏️ **2** Kreise G und g ein.

S   g   G

m   G   g

    E   g   r

G   A   n

g   G   G

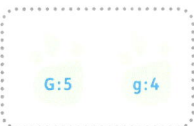

G : 5   g : 4

Name: _____

 1 Male alle Felder mit G und g aus.

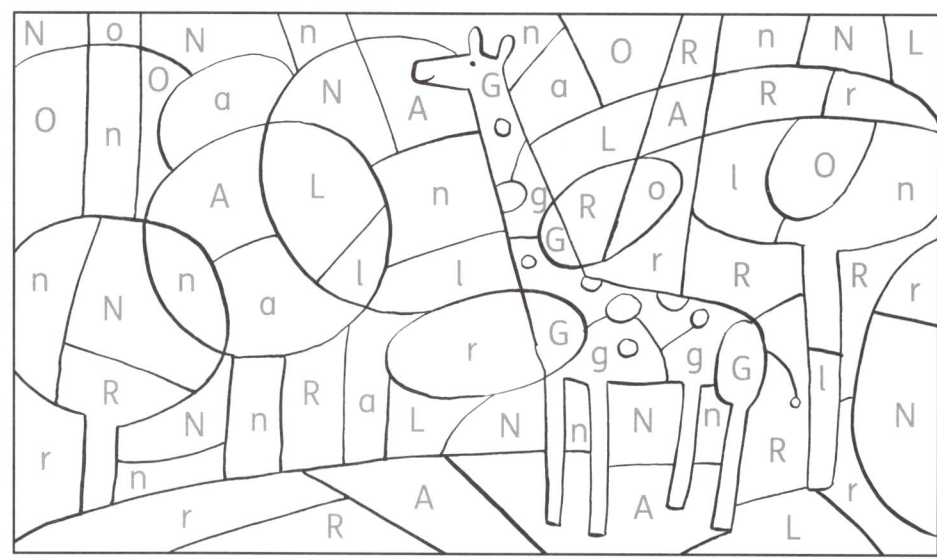

 2 Wo hörst du G oder g? Kreuze an.

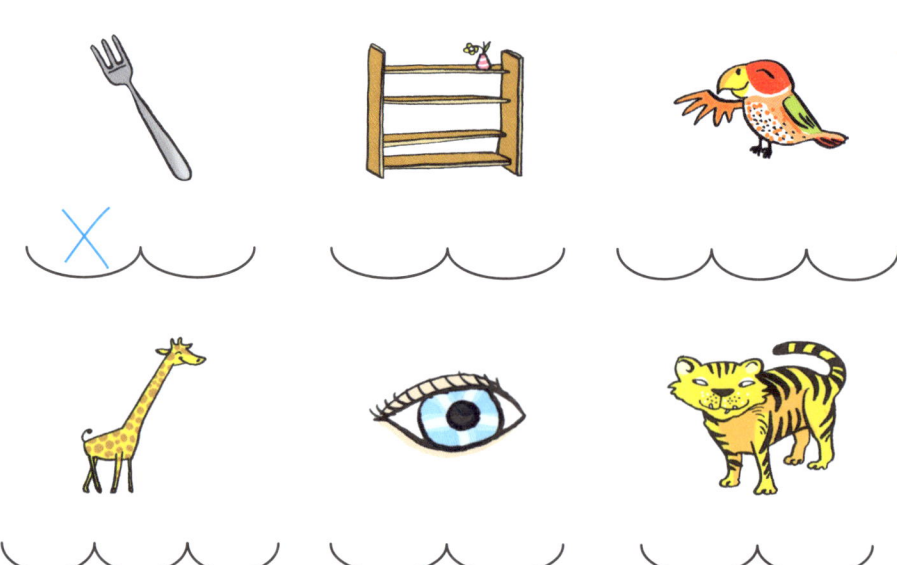

G g optisch diskriminieren und abhören
© Ernst Klett Verlag GmbH, Stuttgart 2014

Name: _____

  Lies und verbinde.

Hub

Ham

Him

  Lies und verbinde.

   Ho   se

   Ha   ter

   Hams   se

  Schreibe H oder E.

Name: _____

  1 Lies und verbinde.

Ge _____

Re _____

Gi _____

  **2** Lies und verbinde.

   Re   ger

   Ti   gel

   Na   gen

  3 Schreibe G oder R.

Name: _____

✏️ **1** Spure nach.

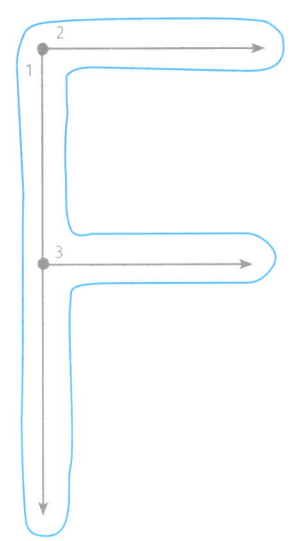
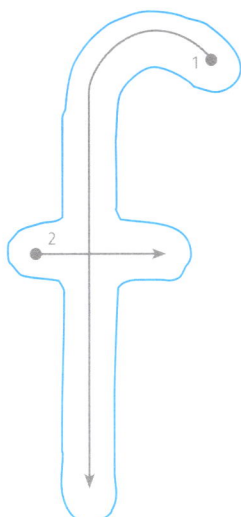

✏️ **2** Kreise F und f ein.

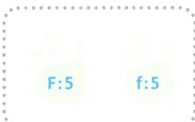

Name: _____

 1 Male alle Felder mit F und f aus.

 2 Wo hörst du F oder f? Kreuze an.

Name: _____

✏️ **1** Spure nach.

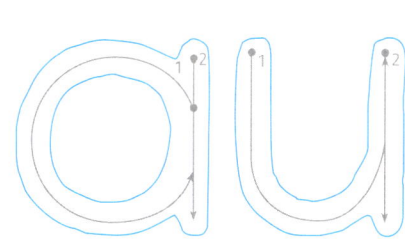

✏️ **2** Kreise Au und au ein.

Au

H

au

i

au

au

Au

Au

W

w

Au

au

Au

g

l

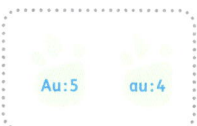

Au:5   au:4

Name: _____

  1 Male alle Felder mit Au und au aus.

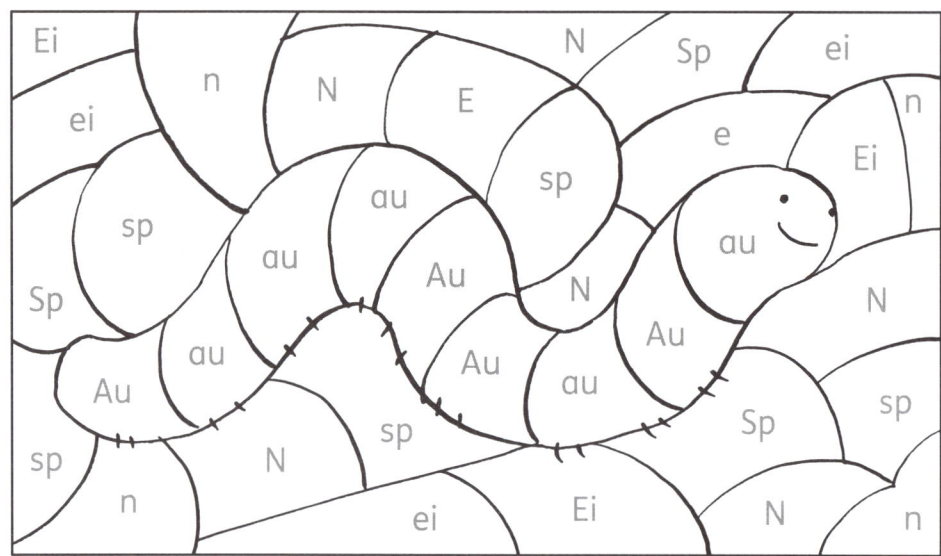

 2 Wo hörst du Au oder au? Kreuze an.

Name: _____

1 Lies und verbinde.

Fern

Waf

Gi

2 Lies und verbinde.

   So   fa

   Fo   fel

   Ta   to

3 Schreibe F oder H.

Name: _____

1 Lies und verbinde.

Maul

Tau

Rau

2 Lies und verbinde.

   Au   men

   Tau   to

   Dau   be

3 Schreibe Au oder F.

Name: _____

	Maus	Haus	Wal
Tal	Rose	Hose	Mund
Hund	Tanne	Wanne	Turm
Wurm	Nase	Hase	

Name: _____

START	Butter	Mutter	Glas
Gras	Hand	Wand	Mofa
Sofa	Nabel	Gabel	Sonne
Tonne	Tee	See	ENDE

1 Spure nach.

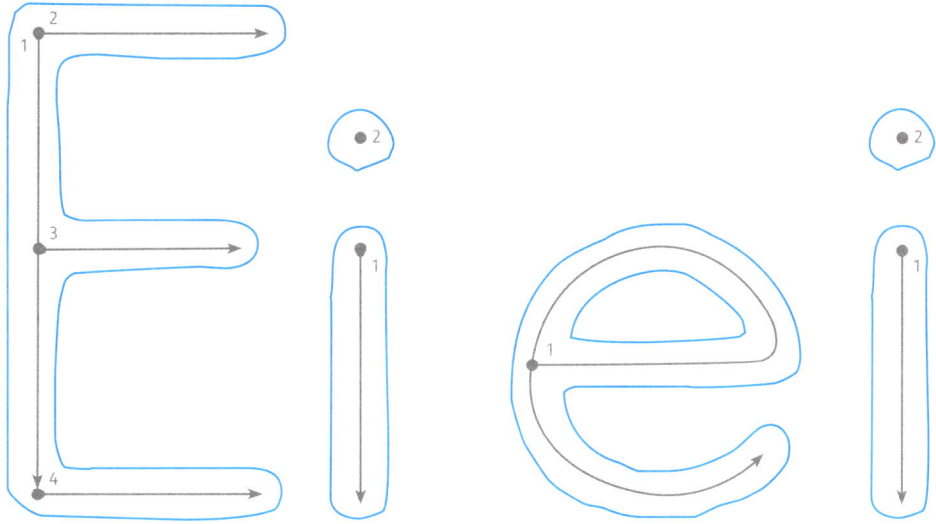

2 Kreise Ei und ei ein.

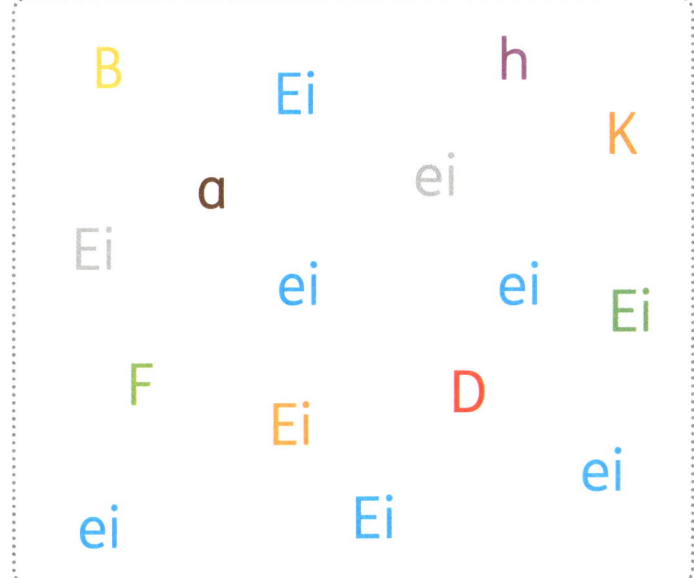

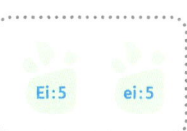

Name: _____

1 Male alle Felder mit Ei und ei aus.

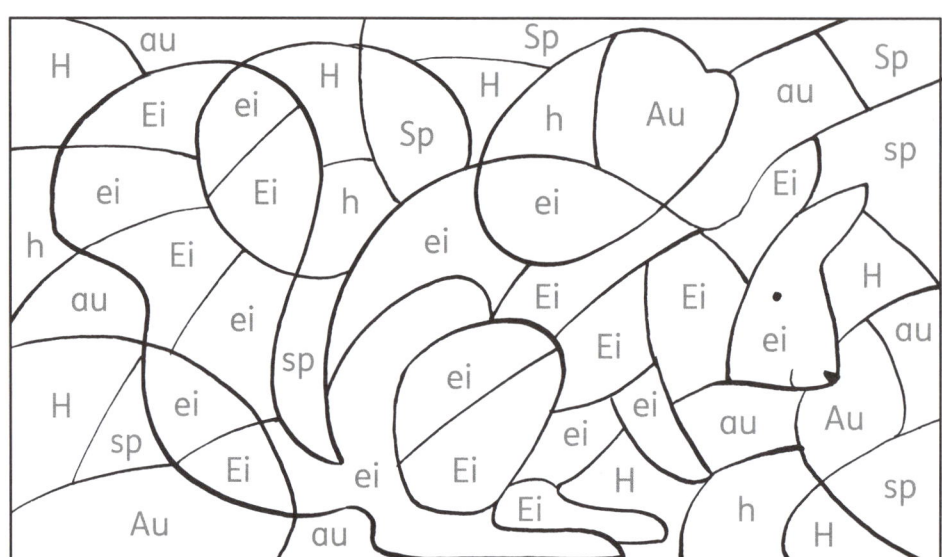

2 Wo hörst du Ei oder ei? Kreuze an.

Name: _____

✎ **①** Spure nach.

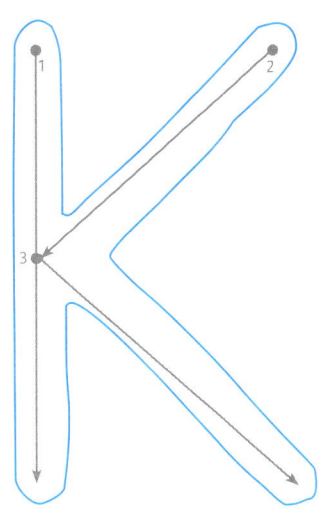 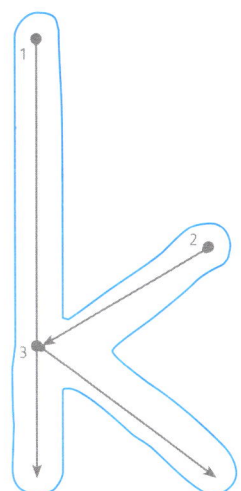

✎ **②** Kreise K und k ein.

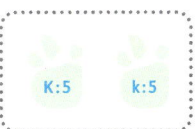

Name: _____

 1 Male alle Felder mit K und k aus.

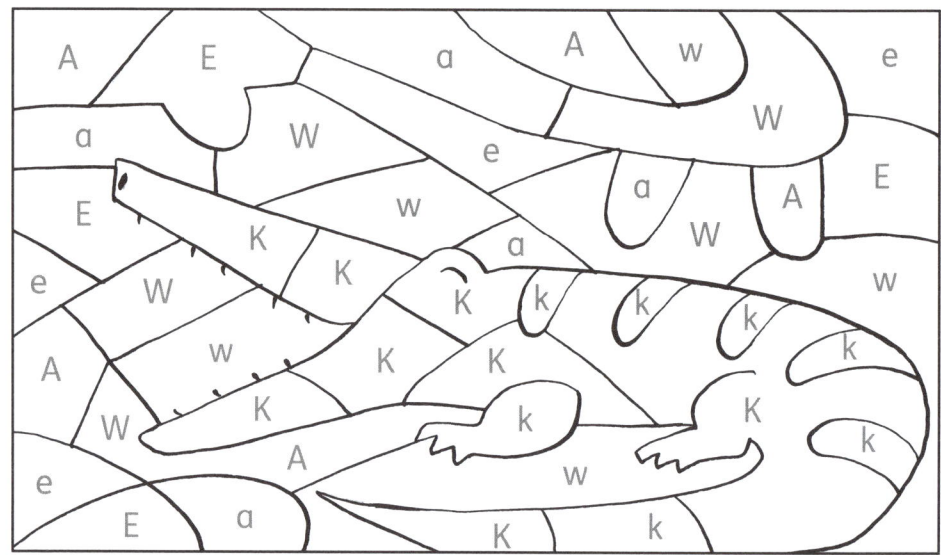

 2 Wo hörst du K oder k? Kreuze an.

Name: _____

  1 Lies und verbinde.

Eis

Ein

Lei

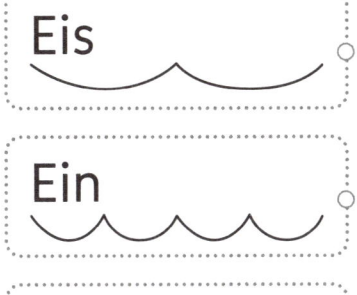

  2 Lies und verbinde.

Ei

 fe

Sei

 ter

Rei

 mer

  3 Schreibe Ei oder G.

Name: _____

1 Lies und verbinde.

Kro

Trak

Kof

2 Lies und verbinde.

   Ka   mel

   Kak   ne

   Kan   tus

3 Schreibe K oder F.

Name: _____

✏️ **1** Spure nach.

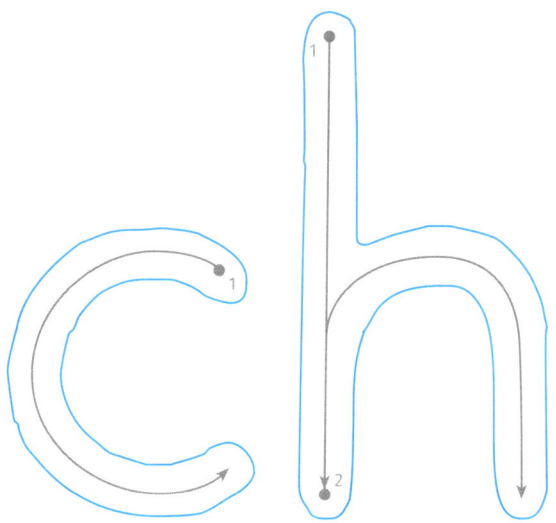

✏️ **2** Kreise ch ein.

ch   ch

ch   ch

D   r

w   ch   i

ch

l

ch   ch   B

ch : 8

Name: _____

 1 Male alle Felder mit ch aus.

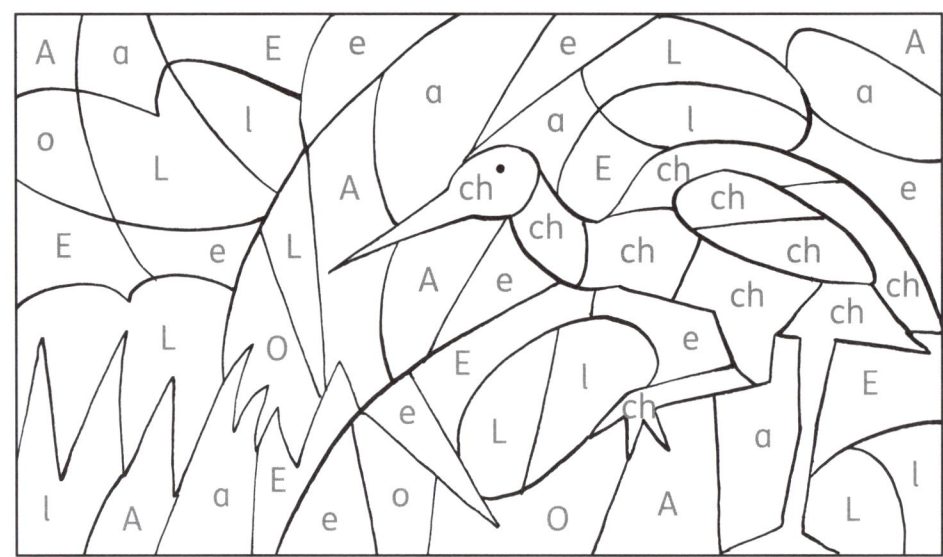

 2 Wo hörst du ch? Kreuze an.

-ch optisch diskriminieren und abhören
© Ernst Klett Verlag GmbH, Stuttgart 2014

Name: _____

✎ **1** Spure nach.

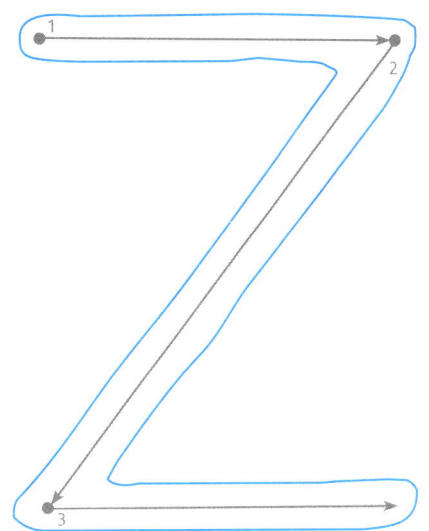

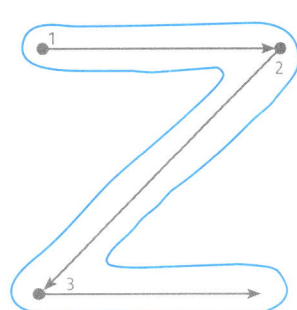

✎ **2** Kreise Z und z ein.

B   L   z
Z   z
     e
     z   Z   a
H   z
Z   i   z

Name: _____

  1 Male alle Felder mit Z und z aus.

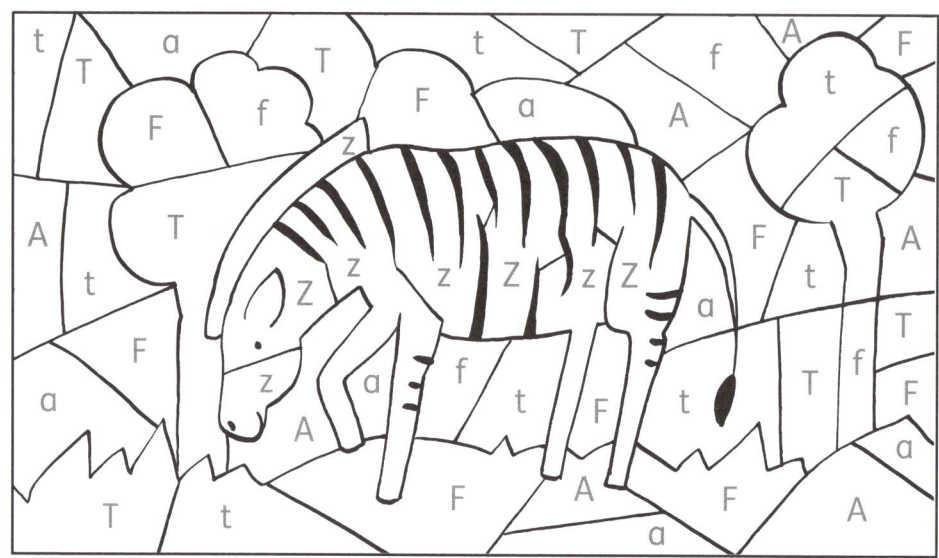

 2 Wo hörst du Z oder z? Kreuze an.

Name: _____

 1 Lies und verbinde.

Kno

Ku

Ka

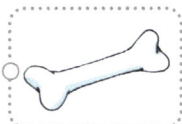

 2 Lies und verbinde.

Dra

Ei

Tau

cher

chen

chel

 3 Schreibe ch in die Wörter.

Lo___er

a___t

Ei___el

Mil___

Wörter mit -ch lesen und Inlaut schreiben
© Ernst Klett Verlag GmbH, Stuttgart 2014

79

Name: _____

  1 Lies und verbinde.

Zau	
Zi	
Zahn	

  2 Lies und verbinde.

	Zir	he
	Ker	kus
	Ze	ze

  3 Schreibe Z oder K.

Name: _____

Teller Messer Buch Gabel	Hund Maus Auto Affe	Salami Roller Bus Zug
Ananas Banane Melone Heft	Limo Fenster Saft Milch	Brot Buch Heft Lineal
Kuchen Hammer Brezel Torte	gelb rosa blau sauer	Baum Blume Dose Gras

Name: _____

Salami	Hund	Teller
Roller	Maus	Messer
Bus	Auto	Buch
Zug	Affe	Gabel
Brot	Limo	Ananas
Buch	Fenster	Banane
Heft	Saft	Melone
Lineal	Milch	Heft
Baum	gelb	Kuchen
Blume	rosa	Hammer
Dose	blau	Brezel
Gras	sauer	Torte

Name: _____

✏ **1** Spure nach.

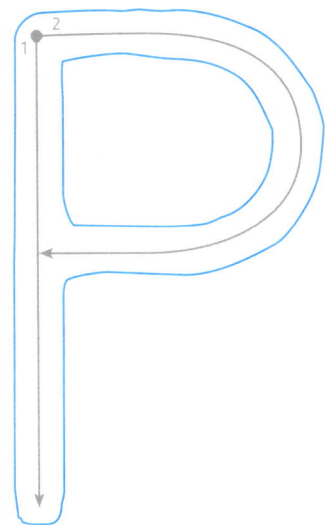
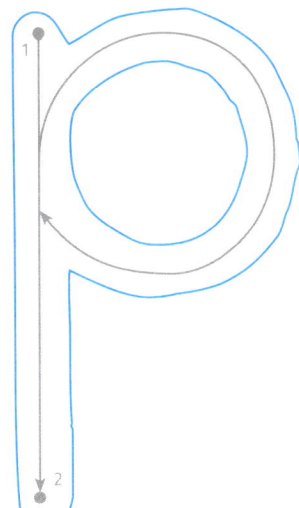

✏ **2** Kreise P und p ein.

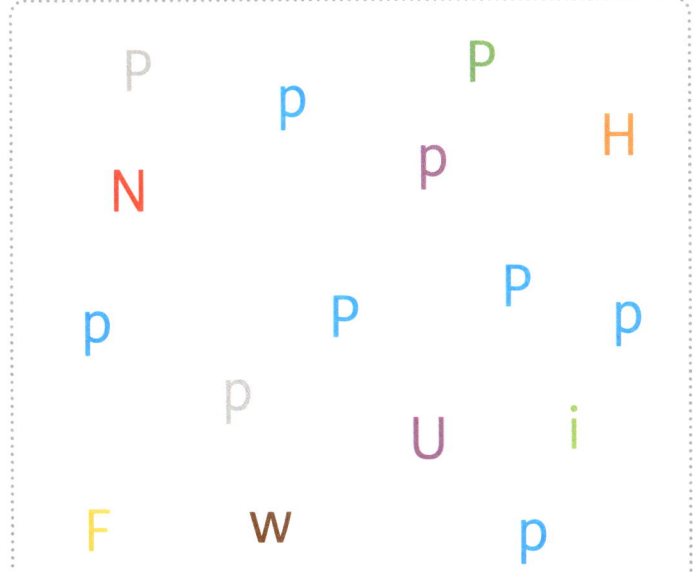

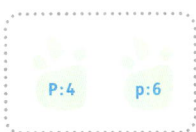

Name: _____

  1 Male alle Felder mit P und p aus.

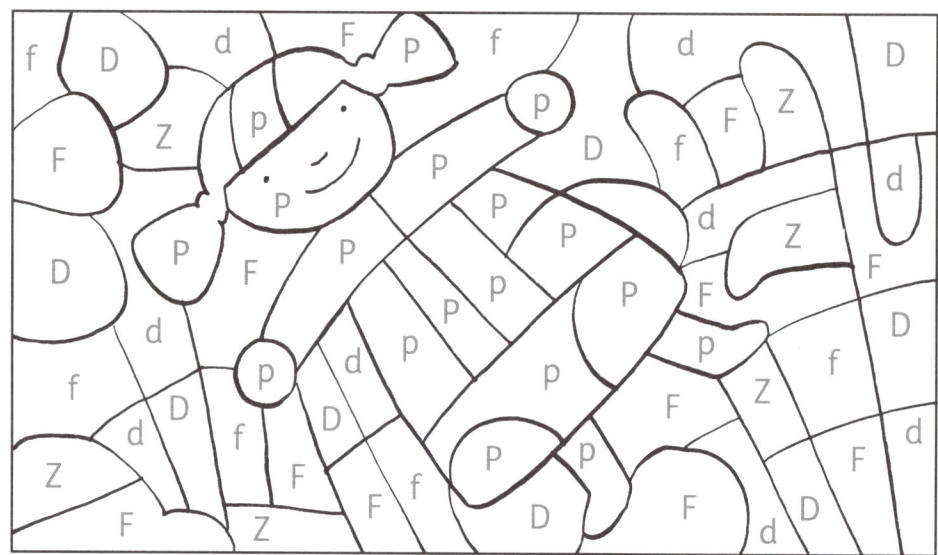

  2 Wo hörst du P oder p? Kreuze an.

Name: _____

1 Spure nach.

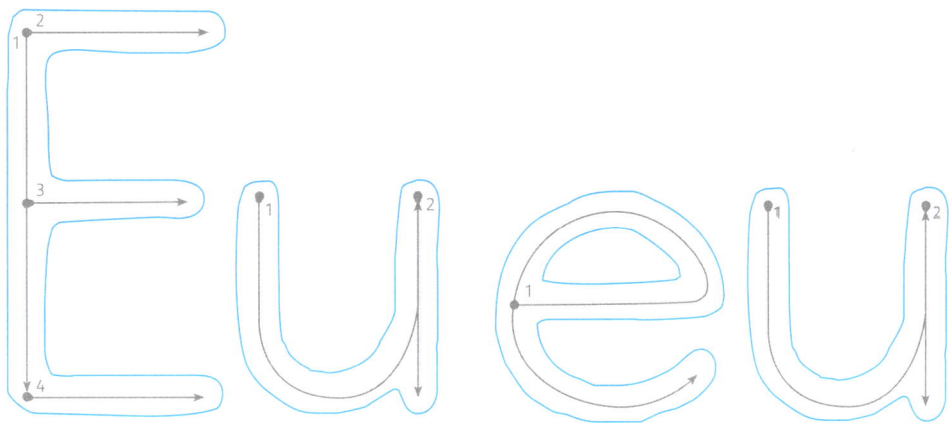

2 Kreise Eu und eu ein.

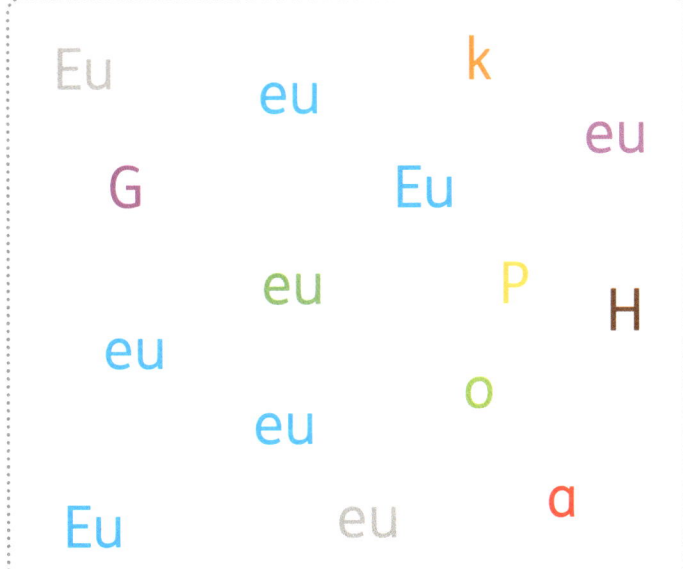

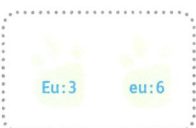

Eu : 3   eu : 6

Name: _____

 1 Male alle Felder mit Eu und eu aus.

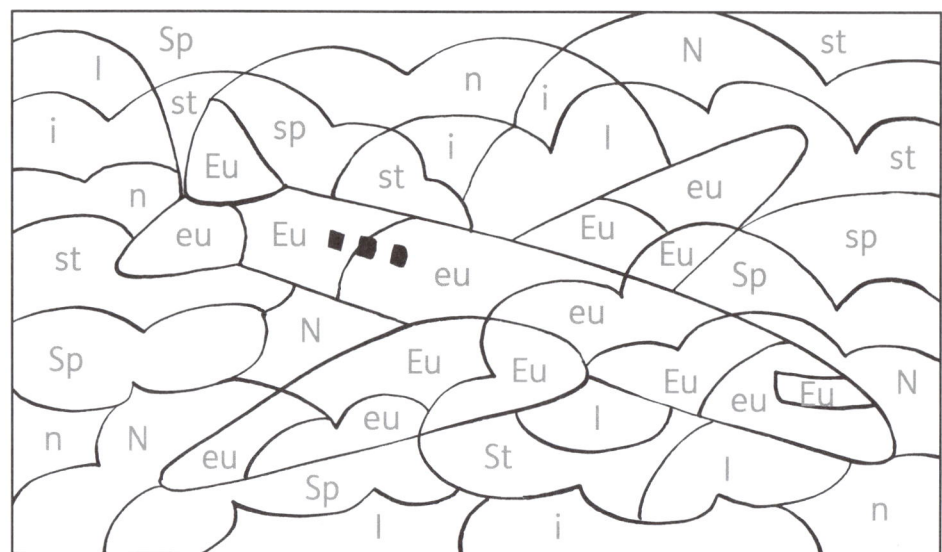

 2 Wo hörst du Eu oder eu? Kreuze an.

Name: _____

  1 Lies und verbinde.

Per

Po

Pin

  2 Lies und verbinde.

 Pal ○   ○ del

 Pu ○   ○ pa

 Pa ○   ○ me

  3 Schreibe P oder Z.

Name: _____

 1 Lies und verbinde.

Beu	
Flug	
Eu	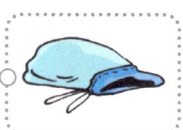

 2 Lies und verbinde.

   Eu   er

   Eu   le

   Feu   ro

 3 Schreibe Eu oder Au.

☐   ☐   ☐   ☐

Name: _____

✏ **1** Spure nach.

✏ **2** Kreise Sch und sch ein.

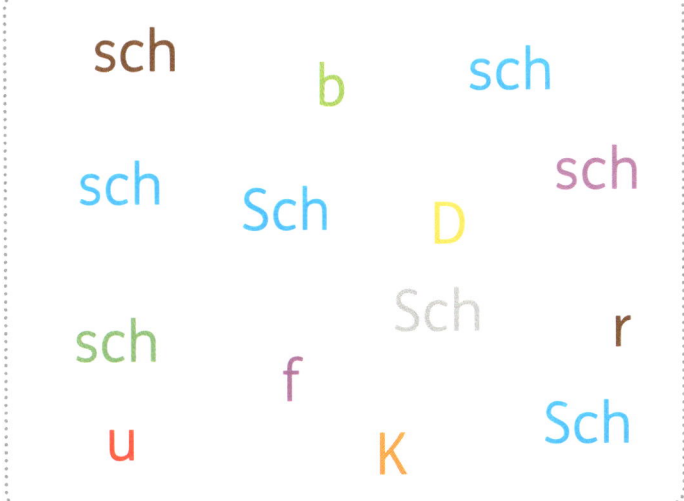

sch

b

sch

sch

Sch

D

sch

Sch

r

sch

f

u

K

Sch

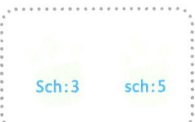

Sch: 3   sch: 5

Sch sch spuren und optisch diskriminieren
© Ernst Klett Verlag GmbH, Stuttgart 2014

Name: _____

 1 Male alle Felder mit Sch und sch aus.

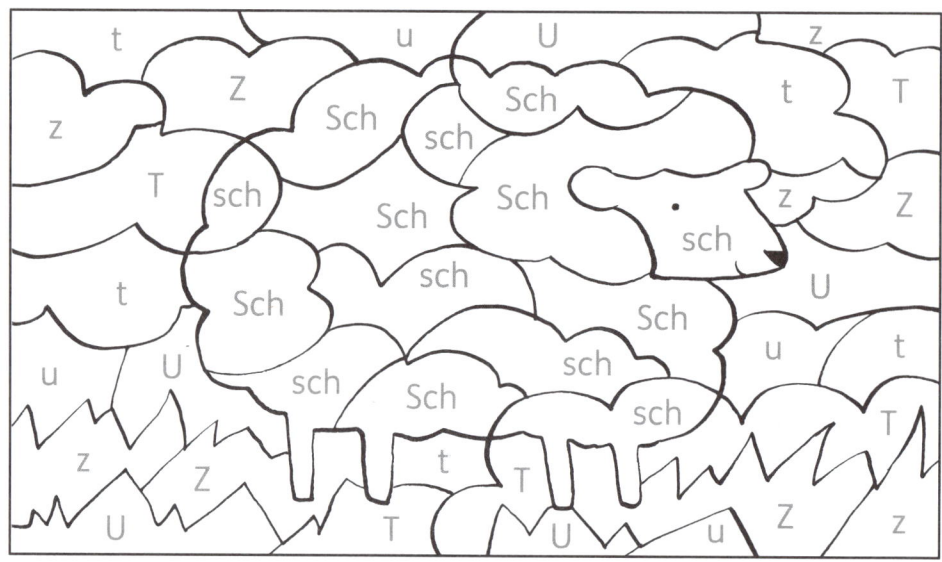

 2 Wo hörst du Sch oder sch? Kreuze an.

Name: _____

Niko	malt	Ali.
Emma	kauft	ein Eis.
Mila	baut	einen Turm.
Mama	ruft	Ole.
Opa	sucht	eine Brille.
Rasmus	holt	einen Teller.

Name: _____

Oma	bekommt	bunte Blumen.
Timo	bastelt	ein Auto.
Ali	braucht	neue Schuhe.
Papa	kocht	Nudeln.
Nina	findet	einen Euro.
Marek	isst	einen Keks.

Name: _____

1 Spure nach.

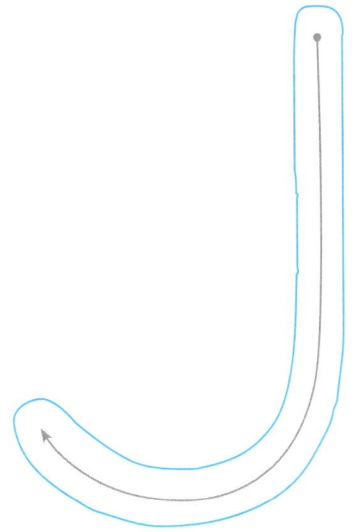

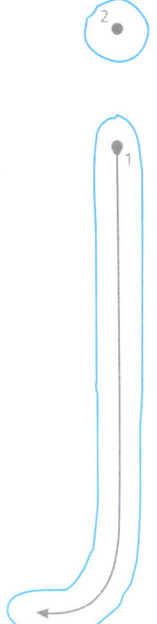

2 Kreise J und j ein.

J : 5   j : 5

Name: _____

 1 Male alle Felder mit J und j aus.

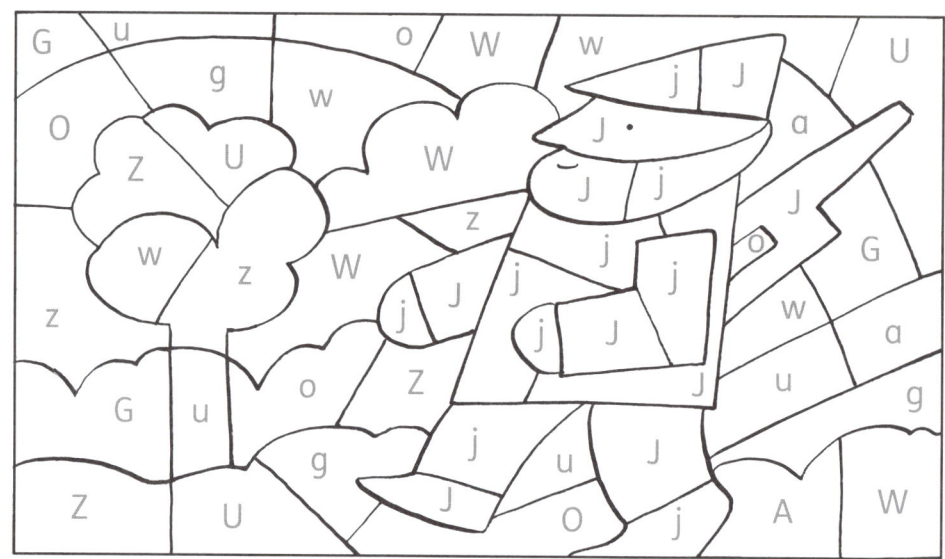

 2 Wo hörst du J oder j? Kreuze an.

Name: _____

✏️ **①** Spure nach.

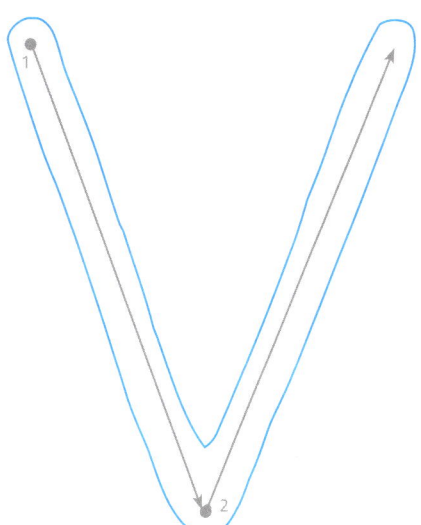

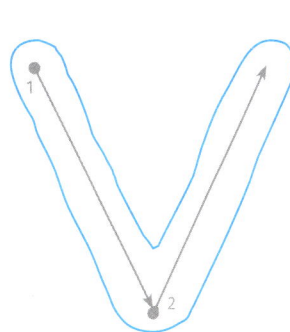

✏️ **②** Kreise V und v ein.

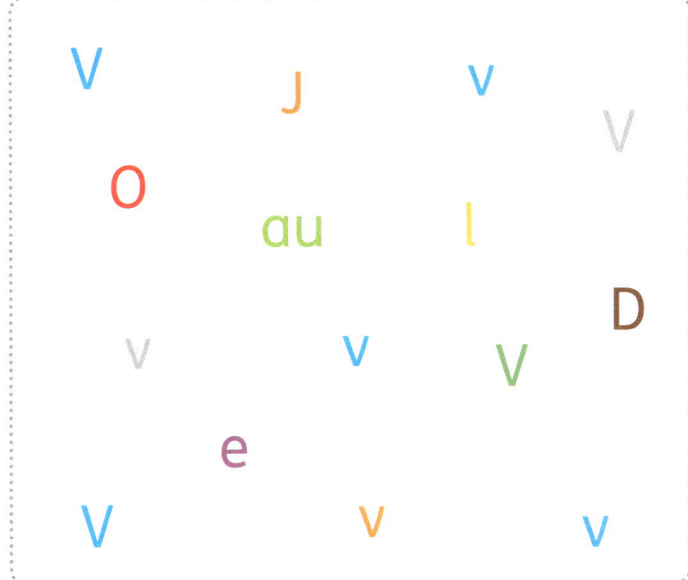

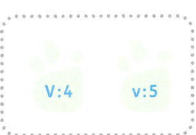

Name: _____

1 Male alle Felder mit **V** und **v** aus.

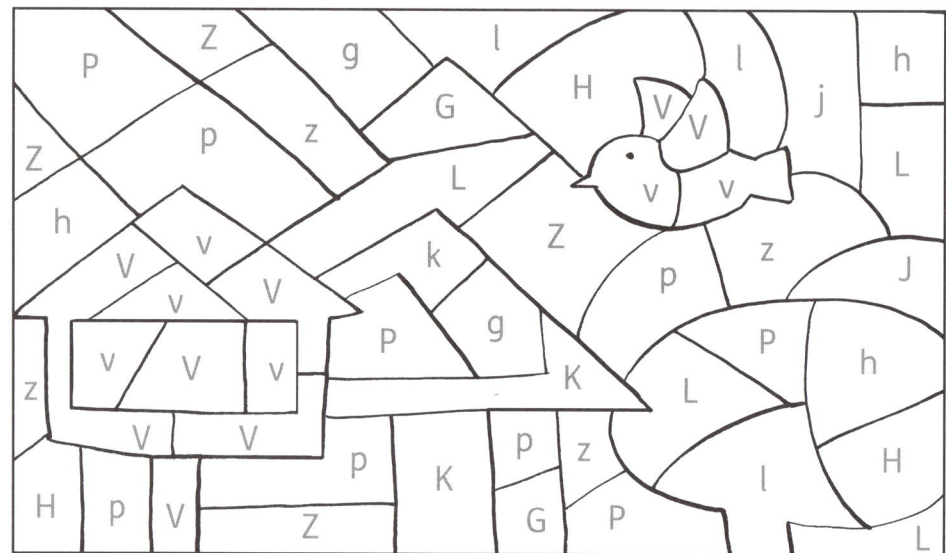

2 Wo hörst du **V** oder **v**? Kreuze an.